Mit herzlichen Grüßen

von

Petra Kummermehr

Zeit des Wunders

WEIHNACHTSGRÜSSE

Butzon & Bercker

Den Zauber spüren

Bald ist es wieder so weit.
Die Adventsmärkte werden
nach und nach eröffnet.
Von allen Seiten dringen
weihnachtliche Lieder an dein Ohr.
Immer wieder nimmst du den Duft
von Lebkuchen, Zimt, Nüssen
und Mandarinen wahr. Ich wünsche
dir, dass es dir gelingt, dich ganz auf
diese besondere Zeit einzulassen.

Mit der Geburt Jesu
kam das Licht in die Welt
und ich wünsche dir,
dass auch du den Stern siehst,
der dir den Weg leuchtet
und dir die Richtung weist.
Damit du zur Krippe gelangst
und erkennst, welche Botschaft
das Weihnachtsfest für dich
ganz persönlich bereithält.

Advent

Langsamer werden,
wenn sich die Dinge
zu schnell drehen.

Ruhiger werden,
wenn Hektik und
Trubel zunehmen.

Einfach da sein,
nicht mehr müssen,
wollen oder sollen.

Einfach lieben –
ohne Erwartungen.

Im Einklang sein
mit sich und der Welt.

Die Kraft spüren,
die in uns ist.

Ich wünsche dir,
dass du immer wieder Zeit
für dich findest und
dass es dir gelingt,
der Schnelligkeit
die Entschleunigung
entgegenzusetzen.

Zeit der Stille

Der Advent lädt dazu ein, uns
immer wieder Zeiten der Stille
zu suchen. Vor einer brennenden
Kerze bei uns zu Hause, in der
Kirche oder bei einem
Schneespaziergang durch die
winterliche Landschaft.
In diesen Momenten erkennen
wir vielleicht, was wir sonst nicht
sehen. Wir gehen in die Tiefe
und tauchen ein in unsere Mitte.
Weg von den Oberflächlichkeiten
hin zum Wesentlichen.

Wir horchen in uns hinein
und hören auf einmal,
wie unser Herz zu uns spricht.
Vielleicht sagt es uns Dinge,
die wir schon lange wussten,
aber tief in uns vergraben haben.
Oder es schenkt uns neue Einsichten
und wir merken auf einmal, wie sich
der Nebel um uns herum lichtet
und plötzlich Klarheit herrscht.
Lassen wir uns einfach überraschen …

Zeit des Schenkens

Oft suchen wir Wochen vorher
schon nach passenden Geschenken,
um den Menschen um uns herum
eine Freude zu machen.
Ein gutes Buch vielleicht? Ein Schal?
Ein Spiel? Oder ein Gutschein?

Es ist gar nicht so einfach …
Doch noch viel schwieriger ist es,
die Menschen, die uns am Herzen
liegen, wirklich zu beschenken.
Mit etwas, was sie vielleicht nötiger
brauchen als etwas rein Materielles.

Gibt es denn etwas, das ich
noch verschenken könnte, um
andere glücklich zu machen?
Wie könnte ich ihnen etwas
wirklich Gutes zu tun?

Vielleicht indem ich ihnen Zeit
schenke, mein ehrliches Interesse
oder meine konkrete Hilfe
bei Sorgen und Problemen?
Indem ich ihnen zeige:
Ich bin für dich da!
Du bist mir wichtig!

Dankbar sein

Für die Sterne,
die uns die Nacht erhellen.

Für die Worte,
die unser Herz erwärmen.

Für die Menschen,
die Licht in unser Leben bringen.

Nichts
ist selbstverständlich.

Wer dankbar auf sein Leben blickt,
findet eine Fülle von Gründen,
um glücklich zu sein.

Und erfährt
wahren Reichtum.

Weihnachtszeit

Eine Zeit der Stille,
in der wir wieder mit uns
in Berührung kommen.

Eine Zeit der Begegnung,
mit uns, mit Gott und
mit anderen.

Eine Zeit der Versöhnung,
in der wir Vorurteile überwinden
und Brücken bauen.

Eine Zeit der Verwandlung,
in der wir uns
neu finden.

Eine Zeit des Aufbruchs
hinein in eine
erfüllte Zukunft.

Ich wünsche dir
eine erfüllte Weihnachtszeit,
in der du dich wieder
auf die Dinge und Menschen
besinnen kannst, die dir
wirklich am Herzen liegen.

Was bedeutet Weihnachten?

Die Adventszeit lädt uns ein, alle lärmenden Stimmen, alles Unwichtige, Störende, Aufreibende hinter uns zu lassen und zur Ruhe zu kommen. Immer wieder Zeiten der Stille zu finden, in denen wir in uns hineinspüren und uns fragen: Was bedeutet Weihnachten für uns persönlich? Was sagt uns die Geschichte von der Geburt Jesu, die sich damals in Bethlehem ereignet hat? Berührt sie uns? Lassen wir uns von ihr berühren? Welchen Einfluss hat sie auf unser Leben?

Vielleicht bedeutet Weihnachten für uns hauptsächlich Begegnung mit anderen, Gemeinschaft und Familie. Vielleicht berührt uns an der Weihnachtsbotschaft aber auch jedes Mal etwas anderes. Weil wir uns selbst von Jahr zu Jahr verändern und neue Dinge für uns wichtig werden und uns somit immer neue Aspekte der Weihnachtsgeschichte ansprechen. Was also bedeutet Weihnachten dieses Jahr für mich? Was wünsche ich mir? Was erhoffe ich? Wonach sehne ich mich? Wovon träume ich?

Weg zum Licht

Lassen wir uns
von der Dunkelheit
nicht schrecken.

Halten wir
das Dunkel aus,
es hat keine Macht über uns.

Suchen wir
unseren Pfad
mitten in der Finsternis.

Setzen wir
ein Zeichen,
auf dem Weg zum Licht.

Bald leuchtet ein Stern auf.

Er zeigt uns,
dass das Licht stärker ist
als alle Dunkelheit.

Wunder geschehen

Auch wenn im Dezember
keine Schneeflocken
vom Himmel herabtanzen
und die Welt sich nicht in ein
Winterwunderland verwandelt,
so ist die Zeit vor Weihnachten
dennoch eine Zeit voller Magie.

Auch wenn wir nun erwachsen sind, vielleicht die Hoffnung auf einige Träume aufgegeben haben und nicht mehr an Wunder glauben, so heißt es nicht, dass sie nicht mehr geschehen.

Lichter des Friedens

An Weihnachten ist die Sehnsucht nach Frieden besonders stark. Nach innerem wie auch nach äußerem Frieden. Schaut man aber auf all die Konflikte, Terroranschläge und Kriege in der Welt, so scheint sich diese Hoffnung Jahr um Jahr nicht zu erfüllen. Dennoch, allem Unfrieden zum Trotz ist mit der Geburt Jesu der Friede in die Welt gekommen. Gott ist Mensch geworden und hat uns damit seine Zusage gegeben: Ich bin bei euch. Fürchtet euch nicht. Der Friede sei mit euch und mit den Menschen meiner Gnade. Mit dieser Zusage machen wir uns im Advent auf die Suche nach dem Ort des Friedens in uns.

Wer inneren Frieden findet, strahlt aus und kann diesen Frieden weitergeben. Die weihnachtliche Friedensbotschaft gilt nicht nur uns, sondern allen Menschen auf der Welt. Somit ist sie nicht nur Zusage, sondern zugleich auch Aufgabe für uns alle. Genauso, wie wir das Licht aus Bethlehem in den Kirchen verteilen, soll auch der Friede durch uns wachsen. Die Lichter des Friedens sollen ein Symbol dafür sein. So kann es Kerze für Kerze, Schritt für Schritt heller und friedlicher auf der Welt werden.

Ich wünsche dir
viele magische Momente,
zauberhafte Begegnungen,
schöne Gespräche und
inspirierende Gedanken.

Dem Stern folgen

Die drei Weisen sahen den Stern schon von weitem aufleuchten. Sie brachen auf, ohne zu wissen, was sie erwarten würde. Sie vertrauten dem Zeichen. Also nahmen sie alle Mühen auf sich und folgten ihrer Sehnsucht.

Der Stern verließ sie nie. Sein Licht leuchtete den Weg aus, wenn es dunkel wurde. Die Weisen ließen sich nicht beirren – weder von ihrer Angst noch von der Beschwerlichkeit der Reise. So erreichten sie schließlich ihr Ziel.

Auch uns leuchtet ein Stern, damit wir
in der Dunkelheit unseren Weg
finden können. Vielleicht ist auch er
beschwerlich und vielleicht überkommt
auch uns an manchen Stellen die Angst.
Aber es ist unser Weg. Und er führt zum Ziel –
wenn wir unserer Sehnsucht folgen.

Macht der Liebe

Die Botschaft von Weihnachten ist bei uns angekommen, wenn wir beginnen, uns selbst und andere zu lieben – ohne Bedingungen und ohne Vorbehalte.

Wenn wir zufrieden damit sind, wir selbst zu sein – mit unseren Fehlern und Schwächen, aber auch mit unseren Stärken und Begabungen.

Wenn wir aufhören, andere ändern zu wollen, und sie annehmen, wie sie sind – mit ihren kleinen und großen Besonderheiten und Talenten.

Die Weihnachtsbotschaft ist bei uns angekommen, wenn wir ganz bei uns sind, in unserer Mitte. An dem Ort, an dem wir mit der unendlichen Macht der Liebe in Berührung kommen, die in uns allen liegt.

Selbst zum Licht werden

Es wäre schön, wenn wir auch über die Feiertage hinaus die Botschaft von Weihnachten hinüberretten und in unser alltägliches Leben integrieren könnten. Wenn es uns gelingen könnte, die Liebe Gottes durch uns sichtbar zu machen. Wenn wir selbst zum Licht werden und so sein Licht weitergeben könnten.

Denn – jeder Mensch kann ein Licht für andere sein. Durch kleine Gesten, mit ehrlichen Worten, durch mutiges Auftreten, tatkräftiges Handeln und durch vieles mehr. Jeder von uns kann sich fragen: Wie werde ich selbst zum Licht? Was ist meine Bestimmung? Welche Botschaft bringe ich mit in die Welt?

Fürchtet euch nicht

In einer stockfinsteren Nacht war es,
als der Engel zu den Hirten trat.
Plötzlich, wie aus dem Nichts,
war alles anders. Der Himmel
erhellte sich und der Engel
sagte: „Fürchtet euch nicht!“

Vielleicht konnten die Hirten
nicht ganz begreifen, was
ihnen der Engel verkündete.
Doch sie trauten seinen Worten
und machten sich auf den Weg.

Und während die Heiligen Drei Könige
mit Geschenken beladen zur Krippe
zogen, trugen die Hirten eine
andere Last. Sie brachten all ihre Sorgen
und ihre Ängste hin zur Krippe.

Als sie dann vor dem Kind standen,
merkten sie, dass sich etwas
in ihnen verwandelte.
Sie spürten Freude und Hoffnung
und sie wussten, dass etwas
völlig Neues beginnen würde.

Ich wünsche dir, dass du dich
von der Weihnachtsbotschaft
berühren lässt, dass dir
das Herz aufgeht und dass du
am eigenen Leib spürst, wie es
wärmer wird in deinem Leben.

Blick ins neue Jahr

Wenn das Jahr sich dem Ende zuneigt, ist es schön, das Geschehene noch einmal Revue passieren zu lassen. Was ist gut gelaufen, was bereitet mir Sorgen?

So spannen wir den Bogen zu einem Ausblick ins neue Jahr. Wie kann ich mithelfen, dass im nächsten Jahr einiges besser läuft? In meiner kleinen Welt, aber auch in unserer großen.

Weihnachten sagt uns, dass
scheinbar Unmögliches möglich
werden kann und dass Wunder
immer noch geschehen.
Es ist nun an uns, diese
Botschaft zu leben.

Fest der Liebe

Wir feiern das Fest der Liebe,
wenn wir begriffen haben,
dass es die Liebe ist,
die alles zusammenhält,
alles verwandelt
und neue Wege findet.

Auf viele unserer Fragen,
Probleme, Sorgen und Ängste
ist Liebe die Antwort.
Liebe zu Gott, zu uns,
zu anderen Menschen
und zum Leben an sich.

Liebe stellt keine Bedingungen,
lässt uns sein, wie wir sind,
und gibt unserer Seele Flügel.

Vielleicht ist die Weihnachtszeit
auch deshalb eine magische Zeit,
weil wir hier ganz besonders
mit der Liebe in uns
in Berührung kommen.

Texte: Petra Kummermehr

Abbildungen: Cover, S. 4 f., 11, 14 f., 21, 22 f., 31, 38 f., 41: © theevening (Aquarellfläche); Cover, S. 5: © SimpLine (Bäume); Cover, S. 10 f., 20 f., 30 f., 40 f.: © svetlanais (Hintergrund); S. 3 f., 16 f., 32 f.: © anatartan (Kranz, Schneeflocken, Sterne); S. 8 f., 18 f., 34 f., 42 f.: © TWINS DESIGN STUDIO (Hintergrund); S. 10 f., 20 f., 30 f., 40 f.: © kazy (Sterne); S. 11: © GarkushaArt (Haus); S. 12 f., 36 f.: © zuckerman (Bordüre); S. 13, 39: © svetla27 (Anhänger); S. 15, 47: © ElenaMedvedeva (Vogel); S. 21, 41: © Valenty (Kerze, Krippe); S. 22 f., 28 f., 38 f.: © zozodesign (Bordüre); S. 23: © zzorik (Herz); S. 28 f.: © Kanokpol (Aquarellfläche); S. 31: © mitay20 (Hand, Stern); S. 37: © MarinaErmakova (Haus) – alle: stock.adobe.com; S. 6 f., 26 f.: © rawpixel.com (Hintergrund); S. 24 f., 44 f.: © freepik.com (Kranz); S. 29: © pikisuperstar (Kerze) – alle: freepik.com

Bibliografische Information der Deutschen Nationalbibliothek

Die Deutsche Nationalbibliothek verzeichnet diese Publikation in der Deutschen Nationalbibliografie; detaillierte bibliografische Daten sind im Internet über http://dnb.d-nb.de abrufbar.

verlagsgruppe engagement

Das Gesamtprogramm von Butzon & Bercker finden Sie im Internet unter www.bube.de

ISBN 978-3-7666-3583-9

Umschlaggestaltung: Tanja Manden, Kevelaer nach einem Entwurf von Franziska Frey, Kevelaer
Layout und Satz: Typographie & Computer, Krefeld